LOS CUENTOS DE PURA BELPRÉ

De cómo una puertorriqueña transformó las bibliotecas con sus historias

Annette Bay Pimentel
Ilustraciones de Magaly Morales
Traducción de Eva Ibarzábal

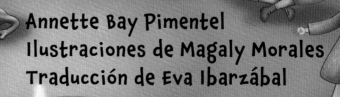

VINTAGE ESPAÑOL

Pura Belpré necesita escuchar historias tanto como un árbol de mango necesita la luz del sol o como un coquí necesita hojas verdes.

Abuela siempre tiene una historia.

Le cuenta a Pura sobre la hermosa Martina.

Canta imitando al Señor Gallo

¡QUI-QUI-RI-QUÍ!

¡MIAU, MIAU!

BOROM·BOROM

y grazna como el Señor Pato.

Le cuenta cómo Pérez hizo una reverencia
para pedirle a Martina que se casara con él.

Pura se ríe… se estremece… suspira.

Se sumerge en los cuentos de Abuela.

¡CUAC!

¿SE QUIERE CASAR CONMIGO?

Al crecer, Pura siente nostalgia
por la familia que se ha mudado
lejos de Puerto Rico y decide
abordar un barco.
¡Adiós!

En Nueva York, echa de menos el sabor
del mango y el canto del coquí.
Echa de menos los cuentos de Abuela.
Pero en Harlem también bullen historias emocionantes.
El barrio vibra con pies danzantes y faldas arremolinadas.
Los tambores retumban. Los saxofones lloran.

En el silencio de la biblioteca de la calle 135, Pura ve estantes y más estantes de cuentos. Ve a una bibliotecaria tomar un libro y dárselo a una niña.

Piensa: "Si yo pudiera hacer lo mismo que esa señora por el resto de mi vida, sería la persona más feliz del mundo".

Pura va de compras, hace mandados
en el vecindario, a veces se detiene
para marcar con sus pies el compás de una
trompeta. La bibliotecaria escucha a Pura
charlando con hispanohablantes a quienes
ella no puede entender; la ve pasar de un "sí"
a un "yes" con quienes hablan inglés.

¿Quiere trabajar en la biblioteca?

¡Sí!

Pura lee los libros de la sección infantil.
Lee cuentos de Irlanda, de Alemania,
de Italia. Pero ¿dónde están los de Puerto Rico?
¿Dónde están el Señor Gallo, el Señor Pato,
Pérez y Martina? ¿Por qué los cuentos
de Abuela no están en estos estantes?

A Pura le encargan la hora del cuento. Aquí, en la biblioteca, hay reglas que hasta los narradores tienen que seguir:

Encender la vela.

Abrir el libro.

Contar el cuento.

¡Oh, Pura sabe contar cuentos! Sisea… susurra… ruge.
Los niños se inclinan hacia delante. Se ríen… se estremecen… suspiran.

Solo se le permite contar los cuentos que aparecen en los libros. Esa
es la regla. Así que siempre narra cuentos de desconocidos.

Pero Pura sabe que no todos los cuentos que vale la pena contar
están en los libros. Ella quiere que los niños se rían con las tonterías
del Señor Gallo y que lloren por el ratoncito Pérez. ¡Ella quiere contar
los cuentos de Abuela!

Pura decide que romperá las reglas.

Practica la manera de cantar del Señor Gallo:
"¡Qui-qui-ri-quí!", y de retumbar del Señor Zapo:
"¡Borom, borom!". Ensaya gestos pomposos que
evocan el fino sombrero emplumado de Pérez,
y canta las tristes melodías de la canción de Martina.
Cada palabra y cada acción le dan vida al cuento.

Es el turno de Pura para contar un cuento a sus jefes.

Ella ha observado a las demás bibliotecarias. Encienden la vela, muestran el libro, leen sobre valientes reyes y hermosas reinas.

Ella tiene un plan diferente: contará la historia de una cucarachita que se enamora de un ratoncito.

Va a contar el cuento de Abuela.

¿Acaso le tiemblan las manos?

Quizás. Pero, aun así, enciende la vela. Cuando se voltea
de frente a su público, sus manos están vacías. ¡¿Y el libro?!

—Había una vez una cucarachita española llamada Martina.

Pura cuenta el cuento de Abuela justo como lo había ensayado.

—El ratoncito chilló: "Chuí, chuí".

El público se ríe.

—Linda Martina, ¿se quiere casar conmigo?

Todos suspiran.

—Perdió el equilibrio y se cayó en la olla.

Se estremecen y se asombran.

Todos saben que Pura ha roto la regla: su cuento
no está en ninguno de los libros de ninguna biblioteca.
Pero...

¡SÍ, ME CASARÉ CONTIGO!

... ¡qué buen cuento!

—Gracias, señorita Belpré —le dice sonriendo uno de los jefes—.
Estoy un poco cansado de reyes y reinas.

Está decidido: Pura puede contar su propio cuento, siempre
y cuando diga que, quizás algún día, se publicará en un libro.

Niños cuyas familias vienen de Irlanda, Alemania,
Italia, de otras partes de los Estados Unidos, todos acuden
a las bibliotecas donde Pura narra cuentos. Se sumergen
en las historias de Pura, tan nuevas para ellos. Pero ¿dónde
están los niños cuyas familias ya conocen a Pérez y Martina?
¿Dónde están los niños de Puerto Rico, de Venezuela y de México?

Pura camina por el
vecindario y los encuentra.

LIMONADA, POR FAVOR

¡PERDÓN!

¡CU

¡ME TOCA A MÍ!

Pero no los ve en la biblioteca.

Quiere contarles cuentos a estos niños también.

Así que corre la voz.

Los niños recién llegados a la ciudad,
que no saben inglés, van a la biblioteca.
Pura enciende la vela y cuenta
los cuentos... en español. Algunos están
en los libros; otros, no.

CUEN

¡GRACIAS!

¡ELLA HABLA ESPAÑOL!

Pura llena de historias la mente de los niños y llena sus manos de libros. "Gracias", le dicen a la salida de la biblioteca. Volverán. Esta biblioteca ahora también es de ellos.

¡NOS CONTÓ HISTORIAS DE PUERTO RICO!

Pasan los años y Pura sigue contando cuentos,
a veces en inglés, a veces en español.

En ocasiones, se los cuenta a niños que se aglomeran
en los rincones de la biblioteca; en otras, a estudiantes
reunidos en enormes auditorios.

Ayuda a los niños a representar las historias
con marionetas.

Ellos hacen suyos los cuentos de Pura,
aun cuando estos cuentos todavía no están en los libros.

¡Deberían estar en los libros!

Pura garabatea, tacha, borra y vuelve a empezar. Es difícil escribir al pie de la letra los cuentos de Abuela.

Pero un día, cuando Pura lee lo que ha escrito,
siente el sabor del mango y oye el canto del coquí.
"Había una vez una cucarachita española que vivía
en una casita con balcón. Se llamaba Martina.
Era muy bonita, tenía los ojos negros
y la tez suave y morena...".
    ¡Ah! Por fin está bien.

    El cuento de Abuela...
el cuento de Pura... el cuento
de los niños... se convierte en un libro.
    Porque Pura Belpré siempre supo que
muchos cuentos que vale la pena contar
no están en los libros.

Todavía no.

DE ESPAÑA UN RATONCITO SOY, Y EN UNA CUEVA VIVO. PUEDO POR LAS TARDES VER LA PUESTA DEL SOL...

A MI PAPÁ UNA VEZ LO PERDIERON LOS CHANEQUES EN EL MONTE. SON DUENDES TRAVIESOS QUE HACEN...

HISTORIAS VALIOSAS DE TODAS PARTES

NOTA DE LA AUTORA

Tu cuento no ocurrirá en el papel; primero ocurrirá en la imaginación del lector.
—Pura Belpré

Pura Belpré creció en Puerto Rico en una familia de "cuentacuentos naturales". Ella recordaba "que chupaba la caña de azúcar y comía mangos" mientras escuchaba los cuentos de su padre y muchas fábulas que contaba su abuela. Le encantaba caminar por el campo y "escuchar el viento y ver el despertar de las criaturas vivientes", muchas de las cuales aparecerían después en sus cuentos.

En 1920, se mudó a la ciudad de Nueva York. Vivió a pocos pasos del Teatro Apollo y de otros famosos centros de *jazz* durante el Renacimiento de Harlem. No tenemos registro de cuántas veces bailó al compás del *jazz* o contempló a los bailarines de *swing* a hurtadillas, a través de las puertas. Lo que sí sabemos es que fue testigo de un derroche cultural en su trabajo en la sucursal de la biblioteca de la calle 135, hoy Centro de Investigación de la Cultura Negra de Schomburg. "Viví el renacimiento del arte y la literatura negros, y el auge de poetas, novelistas, dramaturgos y músicos". El trabajo que tanto la apasionaba —llevar Puerto Rico a la biblioteca— se inspiró en este movimiento más amplio que honraba y preservaba las historias y experiencias de las personas marginadas.

Recién empleada en la biblioteca, Belpré asistió a clases en la Escuela de Capacitación de la Biblioteca Pública de Nueva York. Fue en la clase de narración que decidió, por primera vez, intentar transformar la política de la biblioteca. Fue osada y como empleada asumió el riesgo de desafiar la regla de que todos los cuentos tenían que proceder de fuentes publicadas. Por fortuna, su narrativa deslumbró a los supervisores, quienes hicieron una excepción. Se le permitió contar cuentos que no se hubieran publicado en los libros.

En lo personal, estoy en deuda con Pura Belpré por su brillante idea de ofrecer la hora del cuento bilingüe. Ella fue la primera bibliotecaria de Nueva York que contó historias en más de un idioma, y probablemente la primera en el país. Cuando nuestra familia vivía en Bosnia, mi hijita, que estaba en kínder, llegaba cada día más triste de la escuela. Fue la hora del cuento bilingüe la que finalmente la conectó con otros niños y la hizo sentir que la escuela también era suya. El movimiento de la hora del cuento bilingüe, iniciado por Belpré, ha ayudado a muchas familias como la mía a sentirse bienvenidas en lugares nuevos.

Belpré congeniaba mucho con los niños. En una sucursal, preocupada porque la biblioteca solo tenía clubes para niñas, comenzó un club de marionetas para niños. Los enseñó a esculpir las cabezas y a coser las ropas, así como a seleccionar y presentar obras. En una cruceta de marioneta, uno de los muchachos, Harry Burnett, firmó con su nombre y escribió en mayúsculas el de la bibliotecaria que obviamente adoraba: "PURA BELPRÉ".

Belpré publicó *Pérez and Martina* como un libro de cuentos ilustrado en 1932. Después de retirarse de la biblioteca en 1943, publicó fábulas individuales y colecciones de fábulas puertorriqueñas, así como cuentos contemporáneos originales. Además, tradujo al español muchos cuentos populares en inglés. En la década de 1960, volvió a la biblioteca para trabajar en el Proyecto de South Bronx, donde ayudó a crear una bibliografía de libros en español para que las bibliotecas de todas partes pudieran aumentar sus colecciones en ese idioma. Y, como "cuentacuentos natural", al igual que el resto de su familia, siguió visitando bibliotecas y escuelas para deleitar con sus historias.

Belpré murió en 1982, un día después de recibir el Premio de Arte y Cultura de la Alcaldía de la ciudad de Nueva York.

Hoy día, su amor por los cuentos y la comunidad se conmemora con el Premio Pura Belpré, que se otorga todos los años a autores e ilustradores latinos cuyas obras reflejen, afirmen y celebren mejor la experiencia latinx.

NOTAS

p. 2 "¡Qui-qui-ri-quí!": Belpré, *Pérez y Martina*, 15.

p. 3 "Borom. Borom": Belpré, *Pérez y Martina*, 35.

p. 3 "¿Se quiere casar conmigo?": Belpré, *Pérez y Martina*, 39.

p. 6 "Si yo pudiera hacer...": Hernández-Delgado, "Pura Teresa Belpré", 428.

p. 12 Señor Zapo: En la versión de su libro en español, Belpré bautizó a su personaje como Señor Zapo, en referencia a la palabra sapo. En la versión en inglés, lo llama "Señor Frog". Aquí aparece con el nombre en español y en las ilustraciones está representado como un coquí, la adorada ranita que es símbolo de Puerto Rico.

p. 14 "Había una vez...": Belpré, "Perez y Martina", en *The Stories I Read to the Children*, 77.

p. 14 "Chuí, chuí...": Belpré, *Pérez y Martina*, 45.

p. 14 "Linda Martina...": Belpré, *Pérez y Martina*, 19.

p. 14 "Perdió el equilibrio...": Belpré, "Perez y Martina", en *The Stories I Read to the Children*, 80.

p. 16 "Gracias, señorita Belpré": Belpré, *The Stories I Read to the Children*, 220.

p. 25 "Había una vez...": Belpré, "Perez y Martina", en *The Stories I Read to the Children*, 77.

p. 28 "Tu cuento no ocurrirá...": Belpré, *The Stories I Read to the Children*, 212.

p. 28 "Cuentacuentos naturales": Jiménez-García, "Pura Belpré, Lights the Storyteller's Candle", 124.

p. 28 "chupaba la caña": manuscrito en los documentos de Pura Belpré.

p. 28 "escuchar el viento...": texto mecanografiado en los documentos de Pura Belpré.

p. 28 "Viví el renacimiento...": Núñez, "Remembering Pura Belpré's Early Career at the 135th Street New York Public Library", 63.

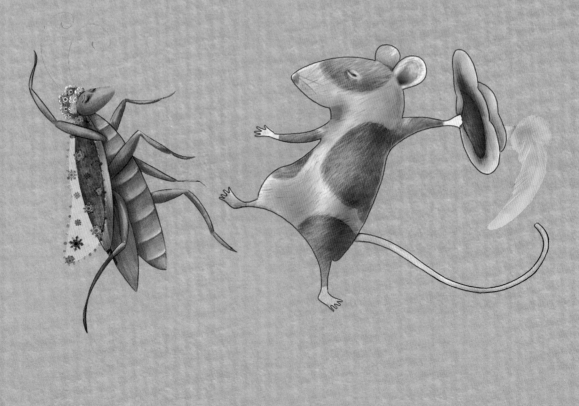

BIBLIOGRAFÍA SELECCIONADA

La forma más fácil de leer las obras de Pura Belpré en la actualidad es en el libro *The Stories I Read to the Children*, una colección de muchos de sus cuentos y ensayos, compilados por Lisa Sánchez González. Es más difícil encontrar los libros de cuentos ilustrados de Belpré, ya que la mayoría están fuera de circulación. Es posible conseguirlos en los anaqueles de la biblioteca o en librerías de libros usados.

Libros escritos por Pura Belpré:

Dance of the Animals. New York: Frederick Warne, 1972.

Firefly Summer. Houston, TX: Piñata Books, 1996.

Juan Bobo and the Queen's Necklace. New York: Frederick Warne, 1962.

Once in Puerto Rico. New York: Frederick Warne, 1973.

Oté. New York: Pantheon Books, 1969.

Perez and Martina. New York: Frederick Warne, 1932.

Pérez y Martina. New York: Penguin Group, 2004.

The Rainbow-Colored Horse. New York: Frederick Warne, 1978.

Santiago. New York: Frederick Warne, 1969.

The Tiger and the Rabbit, and Other Tales. Boston: Houghton Mifflin Company, 1946.

Traducciones al español de Pura Belpré:

Bonsall, Crosby N. *Caso del forastero hambriento.* New York: Harper, 1969.

Greene, Carla. *Camioneros: ¿Qué hacen?* New York: Harper, 1969.

Hoff, Syd. *Danielito y el dinosauro.* New York: Harper, 1969.

Kessler, Leonard. *Aquí viene el ponchado.* New York: Harper, 1969.

Leaf, Munro. *El cuento de Ferdinand.* New York: Viking, 1962.

Minarik, Else Holmelund. *Osito.* New York: Harper, 1969.

Newman, Paul. *Ningún lugar para jugar.* New York: Grosset & Dunlap, 1971.

Selsam, Millicent E. *Teresita y las orugas.* New York: Harper, 1969.

Otras fuentes:

Para relatar esta historia, me basé en gran medida en los numerosos ensayos que Belpré escribió sobre las bibliotecas y la narración de cuentos. Muchos se han publicado, pero también los he consultado en forma de manuscritos en los archivos de CUNY, que conserva los documentos de Belpré. En esa colección también tuve la oportunidad de sostener algunas de las exquisitas marionetas creadas por ella con los clubes extracurriculares.

Tanto Mary K. Conwell, una bibliotecaria que trabajó con Pura Belpré en la década de 1960, como Carmen Reyes, una asistente de bibliotecas que también trabajó junto a ella, compartieron de manera generosa sus recuerdos de la increíble narradora y extraordinaria persona que era Belpré. Me ayudaron mucho a comprender a la protagonista de esta historia. Si al hablar de ella hay algún error, es mío.

Belpré, Pura. *Pérez y Martina: Un cuento folklórico puertorriqueño*. New York: Viking, 1991.

Conwell, Mary K. (bibliotecaria, New York Public Library). Entrevista de la autora, 11 de diciembre de 2015.

González, Lisa Sánchez. "Pura Belpré: The Children's Ambassador". En *Latina Legacies: Identity, Biography, and Community*, 148–157. Oxford: Oxford University Press, 2005.

González, Lisa Sánchez. *The Stories I Read to the Children: The Life and Writing of Pura Belpré, the Legendary Storyteller, Children's Author, and New York Public Librarian*. New York: Center for Puerto Rican Studies, 2013.

Hernández-Delgado, Julio L. "Pura Teresa Belpré: Storyteller and Pioneer Puerto Rican Librarian". *The Library Quarterly* 62, no. 4 (octubre de 1992): 425–440.

Jiménez-García, Marilisa. "Pura Belpré Lights the Storyteller's Candle: Reframing the Legacy and What it Means for the Field of Latino/a Studies and Children's Literature". *Centro Journal* 26, no. 1 (2014): 110- 147. Online tinyurl.com/s9nxqy7.

López, Lillian y Pura Belpré. "Reminiscences of Two Turned-on Librarians". En *Puerto Rican Perspectives*, editado por Edward Mapp, 83–96. Metuchen, NJ: The Scarecrow Press, 1974.

Nuñez, Victoria. "Remembering Pura Belpré's Early Career at the 135th Street New York Public Library: Interracial Cooperation and Puerto Rican Settlement During the Harlem Renaissance". *Centro Journal* 21, no. 1 (2009): 53–77.

The Pura Belpré Papers, archives of the Puerto Rican Diaspora, Centro de Estudios Puertorriqueños, Hunter College, City University of New York. [Manuscritos de sus cuentos y ensayos y sus marionetas].

Reyes, Carmen (asistente de bibliotecas, New York Public Library). Entrevista de la autora, 11 de agosto de 2016.

A Carmen Reyes —A. B. P.

A mi papá Eligio y a mi mamá Eloína, por todo el amor que me han dado, por el apoyo y la compañía, por los cuidados y por darme la vida.
¡Los amo! —M. M.

Penguin
Random House
Grupo Editorial

Originalmente publicado en inglés en 2021 bajo el título
Pura's Cuentos: How Pura Belpré Reshaped Libraries with Her Stories
por Abrams Books for Young Readers, un sello de ABRAMS, Nueva York.
(Todos los derechos reservados, en todos los países, por Harry N. Abrams, Inc.)

Primera edición: febrero de 2024

Copyright © 2021, Annette Bay Pimentel, por el texto
Copyright © 2021, Magaly Morales, por las ilustraciones
Copyright © 2024, Penguin Random House Grupo Editorial USA, LLC
8950 SW 74th Court, Suite 2010
Miami, FL 33156

Publicado por Vintage Español,
una división de Penguin Random House Grupo Editorial.
Todos los derechos reservados.

Traducción: 2024, Eva Ibarzábal
Diseño original: Brenda Echevarrias Angelilli
Ilustración de cubierta: © 2021, Magaly Morales
Cubierta: © 2021 Abrams Books for Young Readers. Adaptación de PRHGE

Impreso en Colombia / *Printed in Colombia*

Información de catalogación de publicaciones disponible
en la Biblioteca del Congreso de los Estados Unidos

ISBN: 979-8-89098-036-6

24 25 26 27 28   10 9 8 7 6 5 4 3 2 1

ANNETTE BAY PIMENTEL ha publicado varias biografías en libros ilustrados, incluyendo *All the Way to the Top*; *Girl Running*, que fue seleccionado por la Junior Library Guild y recibió excelentes críticas; y *Mountain Chef*, ganador del Carter G. Woodson Book Award. Vive en Moscow, Idaho. Puedes seguir a Annette Bay Pimentel en línea: annettebaypimentel.com

MAGALY MORALES es la ilustradora de *¿Qué puedes hacer con una paleta?*, ganador del Tomás Rivera Mexican American Children's Book Award, y de los libros de cuentos *Chavela and the Magic Bubble* y *A Piñata in a Pine Tree*. Nació en Xalapa, Veracruz, México.

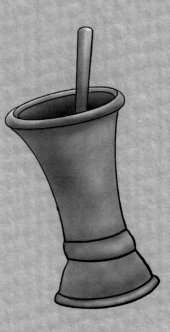